FORMAGGI
A TAVOLA

SOMMARIO

A COLPO D'OCCHIO

SECONDI (E NON SOLO)

DESSERT

A TUTTO PASTO!

L'alfabeto del gusto

Di formaggio non c'è n'è uno. Lo sappiamo bene noi italiani che possiamo vantare oltre 400 varietà diverse di questo irresistibile alimento. Un vero e proprio tesoro frutto di tradizioni e conoscenze a volte antichissime, un patrimonio formidabile che dalle Alpi… alle piramidi? non proprio, ma quasi, offre mille e passa sapori, stagionature e forme. Dalla "a" di asiago, alla "t" di taleggio, passando per la "b" di burrata, la "f" di fontina", la "p" di provolone" (e protremmo continuare a lungo), quello dei formaggi d'Italia è un alfabeto entusiasmante, un alfabeto che ci colloca al primo posto al mondo in questo campo, seppure in coabitazione con i cugini d'Oltralpe.

Qualche consiglio per servirli

Preparato con latte di mucca, pecora, capra, o misto; freschi o stagionati; a pasta molle, semidura, dura, dolci o piccanti… non esiste un formaggio che non sia in grado di soddisfare il più esigente dei golosi. Tradizionalmente il "momento" giusto per servirlo è alla fine del pasto, prima di frutta e dolce. Il massimo è offrirne più tipi diversi, con un ordine che deve andare dal più delicato al più saporito e piccante. Ricordate che tutti i formaggi vanno conservati in frigorifero, avvolti in carta di alluminio o in pellicola trasparente per alimenti. Vietato il pas-

saggio diretto dal frigo alla tavola. Per poterli assaporare al meglio, infatti, è bene lasciarli a temperatura ambiente per 1-2 ore. Se intendete servirli, dunque, regolatevi di conseguenza e tirateli fuori dal frigo per tempo. Attenzione anche a rinfrescarne il taglio, nel caso la parte più esterna risulti troppo essiccata.

Poker d'assi
Protagonista di un irrinunciabile momento del pasto, il formaggio (inteso come categoria generale) è anche un "super" ingrediente, con cui è possibile dare vita a ricette irresistibili, dall'antipasto al dolce. Nelle pagine di questo volume vi offriamo una lampante dimostrazione di questa versatilità. Fra le tante varietà di formaggio utilizzate – non tutte e 400, altrimenti avremmo dovuto pensare a un'enciclopedia a più tomi – trovate anche un poker di eccellenze, composto da Taleggio D.O.P., Provolone Valpadana D.O.P. (nelle due tipologie, dolce e piccante), Salva Cremasco D.O.P. e Quartirolo Lombardo D.O.P.: formaggi di diversa stagionatura e con pasta di varia consistenza, ma tutti di antica tradizione sui cui marchi a denominazione di origine controllata, vigila ormai da qualche anno il Consorzio Alti Formaggi che si preoccupa di tutelarne il nome, i luoghi e i metodi di produzione.

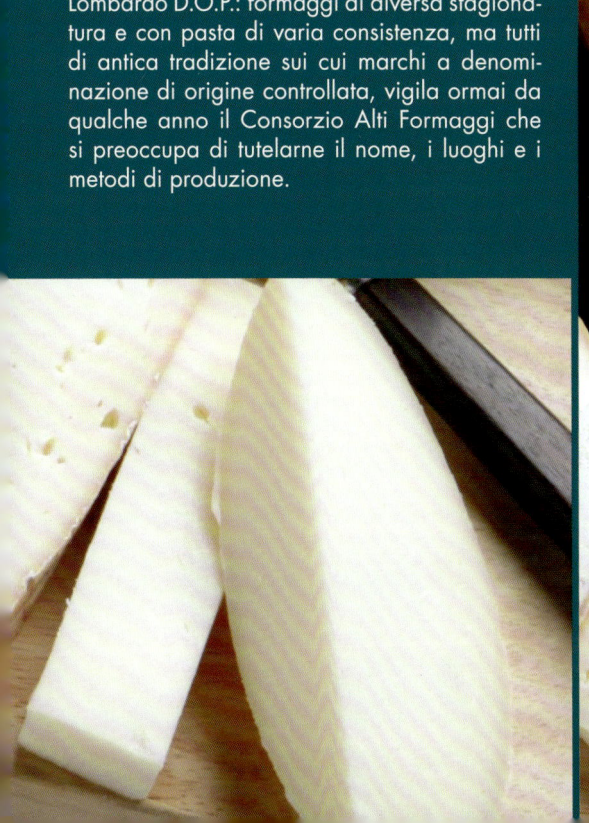

ANTIPASTI

SANDWICH DI POLENTA
E ASIAGO AL BURRO E SALVIA

1 Portate a ebollizione 1/2 l di acqua leggermente salata con il latte. Versate a pioggia la farina e fate cuocere la polenta, continuando a mescolare. Quando la polenta è pronta, rovesciatela su un piano di lavoro, stendetela a uno spessore di circa 2 cm e lasciatela raffreddare. Infine, con un coppapasta, ricavate tanti dischi del diametro di 6-7 cm.

2 Affettate l'asiago e distribuitelo su metà dei dischi di polenta. Aggiungete un po' di burro a fiocchetti, spolverizzate con 3-4 foglie di salvia tritate, salate, pepate e coprite con i dischi rimasti. Disponete i sandwich di polenta in una pirofila leggermente oliata e infornate a 180 °C per 10 minuti.

3 Nel frattempo fate fondere 50 g di burro in una casseruola con 2-3 foglie di salvia spezzettate. Levate i sandwich dalla pirofila, distribuiteli nei piatti individuali, irrorate con il burro e salvia e servite.

30
minuti
+ riposo

50
minuti

INGREDIENTI
per 4 persone

- **300 g di asiago fresco**
- **200 g di farina di mais**
- **1 dl di latte**
- **salvia**
- **burro**
- **olio extravergine di oliva**
- **sale e pepe**

CIPOLLE GRATINATE
AL QUARTIROLO LOMBARDO

50 minuti + riposo

45 minuti

INGREDIENTI
per 4 persone

- 200 g di Quartirolo Lombardo D.O.P.
- 8 cipolle bianche di media grandezza
- 180 g di polpa di manzo tritata
- 1 patata già scottata
- 1 spicchio di aglio
- 1 rametto di rosmarino
- 20 g di gherigli di noce già pelati
- 120 g di pecorino grattugiato
- 1 fetta di pane casereccio
- latte
- olio extravergine di oliva
- sale e pepe

1 Sbucciate le cipolle, sistematele su una teglia foderata con carta forno e infornatele a 200 °C per circa 15 minuti. Trascorso il tempo, levatele e lasciatele raffreddare. Quindi tagliate loro la calotta superiore e svuotatele delicatamente con un cucchiaio, facendo attenzione a non romperle.

2 Recuperate la polpa estratta dalle cipolle e mettetela nel bicchiere del mixer. Unite la patata, sbucciata e tagliata a tocchetti, e tritate tutto. Scaldate 3-4 cucchiai di olio in una padella con lo spicchio di aglio e il rametto di rosmarino. Eliminate aglio e rosmarino, aggiungete il trito preparato e lasciate insaporire per 10 minuti a fuoco moderato. Al termine salate e pepate.

3 Fate ammollare la fetta di pane in un po' di latte, poi strizzatela e sminuzzatela. Tritate grossolanamente i gherigli di noce. Tagliate a cubetti piccoli il Quartirolo Lombardo D.O.P. Raccogliete la polpa di manzo tritata in una ciotola con il pane, il composto di cipolla preparato e i gherigli di noce, e amalgamate. Unite anche i cubetti di formaggio e mescolate delicatamente. Quindi farcite le cipolle svuotate.

4 Disponete le cipolle ripiene su una teglia, foderata con carta forno, e spolverizzatele con il pecorino rimasto. Condite le cipolle con un filo di olio, infornate a 180 °C e fate cuocere per una ventina di minuti. Trascorso il tempo, levate, lasciate riposare per qualche minuto e servite.

CROSTATINE
CON BESCIAMELLA
AL SALVA CREMASCO

15
minuti
+ riposo

25
minuti

INGREDIENTI
per 4 persone

- **250 g di Salva Cremasco D.O.P.**
- **230 g di pasta brisée**
- **8 fiori di zucca**
- **1 porro**
- **300 g di besciamella**
- **noce moscata**
- **1 rametto di timo**
- **olio extravergine di oliva**
- **sale**

1 Tirate la pasta brisée in una sfoglia spessa 3-4 mm. Con un coppapasta ricavate 4 dischi del diametro di circa 12 cm. Rivestite altrettanti stampini con carta forno, foderateli con la pasta brisée, rinforzando leggermente i bordi, e bucherellate il fondo con i rebbi di una forchetta. Infornate a 180 °C e fate cuocere per 8-10 minuti. Trascorso il tempo, levate e lasciate raffreddare.

2 Affettate il porro e fatelo appassire in una padella con 4-5 cucchiai di olio. Unite i fiori di zucca, mondati, privati dei pistilli e tagliati a pezzetti, e fate cuocere per 10 minuti. Al termine, regolate di sale.

3 Mentre i fiori sono in cottura, scaldate a fuoco basso la besciamella, profumata con una grattugiata di noce moscata. Quindi, sempre a fuoco basso, incorporate 200 g di Salva Cremasco D.O.P., tagliato a tocchetti. Quando il formaggio si sarà completamente fuso, levate dal fuoco.

4 Unite i fiori di zucca ormai pronti, alla besciamella arricchita, mescolate delicatamente e distribuite il composto nelle basi di pasta brisée. Mettete in forno già caldo a 180 °C e fate cuocere per 15-20 minuti. Sfornate, decorate con una fettina sottile di salva cremasco e con qualche fogliolina di timo, portate in tavola e servite.

INVOLTINI DI FILLO FRITTI
AL QUARTIROLO LOMBARDO

1 Mondate la verza: eliminate le foglie esterne e tagliate il cuore a listerelle sottili. Affettate sottilmente il porro. Raschiate leggermente la carota sotto acqua corrente, poi asciugatela, spuntatela e tagliatela a tocchetti.

2 Raccogliete tutte le verdure in una padella con 3-4 cucchiai di olio extravergine di oliva, mettete sul fuoco e fate saltare per pochi minuti. Al termine, salate e profumate con una macinata di pepe.

3 Sovrapponete l'uno all'altro i fogli di pasta fillo, quindi ricavate da questa tripla sfoglia tanti rettangoli lunghi 12 cm e larghi 10. Foderate i rettangoli con le fette di prosciutto cotto. Mettete al centro di ogni rettangolo la verza stufata, completate con il Quartirolo Lombardo D.O.P., sbriciolato, e arrotolate a involtino, sigillando bene i bordi e le estremità.

4 Scaldate abbondante olio di semi di arachide in una padella, quindi friggete gli involtini fino a dorarli perfettamente. Man mano che sono pronti, scolateli su un foglio di carta assorbente da cucina. Al termine, condite con un pizzico di sale, portate in tavola e serviteli ben caldi.

15 minuti

15 minuti

INGREDIENTI
per 4-6 persone

- 200 g di Quartirolo Lombardo D.O.P.
- 1 verza
- 1 porro
- 1 carota
- 3 fogli di pasta fillo
- 150 g di prosciutto cotto a fette sottili
- olio di semi di arachide
- olio extravergine di oliva
- sale e pepe

CROISSANT FARCITI
CON SQUACQUERONE E ZUCCHINE GRIGLIATE

70 minuti + riposo

25 minuti

INGREDIENTI
per 10-12 croissant

- **100 g di squacquerone**
- **3-4 zucchine**

per i croissant
- **150 g di farina 00**
- **100 g di manitoba**
- **1 cipolla**
- **80 g di ricotta di vacca**
- **7 g di lievito di birra**
- **latte**
- **olio extravergine di oliva**
- **sale**

1 Per i croissant: stemperate il lievito in 1/2 bicchiere di acqua tiepida, unite metà della farina 00, mescolate e lasciate riposare la pastella ottenuta per circa 2 ore.

2 Affettate sottilmente la cipolla e fatela appassire in una padella con un filo di olio. Scolatela su carta assorbente da cucina e tenete da parte. Raccogliete la ricotta in una ciotola, bagnate con 1 cucchiaio di latte e lavoratela con un cucchiaio di legno.

3 Setacciate la farina 00 rimasta con la farina manitoba. Fate la classica fontana, unite la pastella, la cipolla, la ricotta e un pizzico di sale, e lavorate tutto, aggiungendo via via l'acqua tiepida necessaria a ottere un impasto morbido ed elastico (se dovesse risultare appiccicoso aggiungete altra farina). Dategli forma di palla, coprite con un canovaccio e lasciate lievitare fino al raddoppio del volume.

4 Trasferite l'impasto sulla spianatoia, schiacciatelo con le mani e poi stendetelo in una sfoglia dello spessore di 1/2 cm. Ritagliate la sfoglia in tanti triangoli di 8-10 cm di lato, arrotolateli partendo dalla base, e dategli la tipica forma a croissant, curvando leggermente le punte. Disponete i croissant su una teglia foderata con carta forno, ben distanziati l'uno dall'altro, e lasciateli lievitare fino al raddoppio del volume.

5 Infornate i croissant a 190-200 °C e fate cuocere per 15-20 minuti (o comunque, finché saranno ben dorati). Intanto, mondate le zucchine, affettatele per il lungo e grigliatele su una piastra di ghisa ben calda. Sfornate i croissant ormai pronti e lasciateli intiepidire. Quindi, tagliateli a metà, farciteli con lo squacquerone e le zucchine, e servite.

SUSHI DI BRESAOLA
CON CAPRINO E PESTO

10
minuti
+ riposo

INGREDIENTI
per 4 persone

- 3 caprini
- 160 g di bresaola a fette sottili
- 3-4 cucchiai di pesto
- 300 g di insalatina mista
- olio extravergine di oliva
- salsa di soia

1 Stendete le fette di bresaola su un foglio di pellicola trasparente, sovrapponendole un po' e formando un quadrato di circa 20 cm di lato. Raccogliete i caprini in una ciotola e lavorateli con un cucchiaio. Spalmate il formaggio lavorato sulla bresaola, poi distribuite il pesto e qualche fogliolina di insalata, facendola aderire per bene.

2 Aiutandovi con la pellicola, arrotolate il carpaccio ben stretto e chiudetelo a caramella. Sistematelo in frigorifero per almeno mezz'ora. Trascorso il tempo, tagliate il rotolo a fette (alte un dito) con un coltello ben affilato. Togliete la pellicola, infilzate i rotolini in piccoli spiedini di bambù e serviteli con l'insalata rimasta, condita con un filo di olio e qualche goccia di salsa di soia.

TOMINI AL FORNO
CON MIELE E ROSMARINO

5
minuti

15
minuti

INGREDIENTI
per 6 persone

- **6 tomini**
- **1 rametto di rosmarino**
- **miele di castagno**
- **pane casereccio**

1 Affettate sottilmente il pane e fatelo tostare in forno a 200 °C, poi levatelo e tenetelo da parte in caldo.

2 Distribuite i 6 tomini in altrettante coppette di coccio adatte alla cottura in forno. Profumate con un ciuffetto di rosmarino, infornate a 200 °C e fate cuocere per 5-10 minuti (o comunque finché il formaggio sarà fuso secondo il vostro gusto).

3 Levate, velate i tomini con un po' di miele di castagno, portate in tavola e servite con il pane casereccio a parte.

CLAFOUTIS PECORINO
BROCCOLI E GUANCIALE

INGREDIENTI
per 6 persone

- 40 g di pecorino
  grattugiato
- 400 g di broccolo
  romanesco
- 150 g di guanciale
  già tagliato a cubetti
- 2 cipolle
- 50 g di farina
- 4 uova
- 1,5 dl di latte
- 1,5 dl di panna
- burro
- olio extravergine
  di oliva
- sale e pepe

1 Mondate il broccolo, riducetelo in cimette e lessatele in acqua bollente leggermente salata per 15 minuti. Poi scolatele e tenetele da parte.

2 Affettate sottilmente le cipolle e fatele appassire in una casseruola con 2 cucchiai di olio. Unite il guanciale e lasciate insaporire per qualche minuto. Aggiungete anche le cimette di broccolo e fate saltare per altri 4-5 minuti.

3 Rompete le uova in una ciotola e sbattetele con una frusta. Sempre continuando a lavorare aggiungete il latte, la panna, la farina e il pecorino. Regolate di sale, pepate e lavorate ancora fino a ottenere un composto liscio e omogeneo.

4 Imburrate leggermente 6 cocottine di ceramica e distribuite i broccoli e guanciale. Completate con il composto preparato, infornate a 180 °C e fate cuocere per 30 minuti. Trascorso il tempo, levate e servite.

CROCCHETTE DI CAVOLFIORE
CON CUORE
DI SALVA CREMASCO

30 minuti

45 minuti

INGREDIENTI
per 6 persone

- **100 g di Salva Cremasco D.O.P.**
- **300 g di cavolfiore**
- **4-5 patate**
- **100 g di parmigiano grattugiato**
- **4 uova**
- **pangrattato**
- **olio di semi di arachide**
- **sale e pepe**

1 Mondate il cavolfiore, dividetelo in cimette e lessatelo per 15 minuti in acqua bollente salata. Poi scolate le cimette e frullatele.

2 Lessate le patate con la buccia per 30 minuti a partire dal bollore. Scolatele, lasciatele intiepidire, sbucciatele e passatele allo schiacciapatate, raccogliendo il passato in una ciotola.

3 Unite il passato di cavolfiore, 2 uova e il parmigiano, condite con un po' di sale e una macinata di pepe e mescolate per amalgamare (eventualmente potete aggiungere un po' di pangrattato per regolare la consistenza del composto).

4 Modellate con il composto tante crocchette rotonde, inserendo al centro qualche dadino di Salva Cremasco D.O.P. Rompete le uova rimaste in un piatto e sbattetele con una forchetta, giusto per slegarle. Versate abbondante pangrattato in un altro piatto.

5 Passate le crocchette prima nelle uova e quindi nel pangrattato, premendole leggermente per far aderire l'impanatura. Scaldate abbondante olio in una padella e friggete le crocchette, poche per volta. Man mano che sono pronte, scolatele su carta assorbente da cucina. Al termine, salatele e servitele.

MINICHARLOTTE AL MIELE
ROBIOLA E OLIVE

60
minuti
+ riposo

10
minuti

INGREDIENTI
per 20-25 minicharlotte

per il ripieno
- **2,5 kg di robiola**
- **1,2 l di panna**
- **500 g di burro**
- **40 g di gelatina**
  in fogli già ammollata
- **250 g di pâté**
  di olive nere
- **500 g di olive verdi**
  già snocciolate
- **olio extravergine**
  di oliva
- **sale e pepe**

per i biscotti charlotte
- **410 g di albumi**
- **225 g di inulina**
- **110 g di maltitolo**
- **275 g di tuorli**
- **375 g di farina debole**
- **15 g di sale**
- **60 g di parmigiano**
  grattugiato

vi servono inoltre
- **250 g di miele**
  di castagno
- **gelatina kappa**

1 Per il ripieno: fate scaldare la panna, fino a raggiungere la temperatura di 90 °C. Unite il burro, la robiola e la gelatina; condite con un pizzico di sale, profumate con una macinata di pepe e frullate tutto. Dividete il composto ottenuto in due parti: aromatizzate una parte con il pâté di olive e 2 cucchiai di olio, e mescolate; lasciate l'altra parte al naturale. Mettete entrambi i composti in frigo e fate raffreddare per circa 3 ore.

2 Poco prima della scadenza delle 3 ore, preparate i biscotti charlotte: montate gli albumi con l'inulina e il maltitolo; aggiungete a filo i tuorli, e incorporate la farina, miscelata con il sale e 50 g di parmigiano. Riempite il sac à poche con il composto e formate su una teglia, rivestita di carta forno, tanti dischi un po' "cicciotti" del diametro di 4-5 cm. Spolverizzate con il parmigiano rimasto, infornate a 190 °C e fate cuocere per circa 10 minuti a valvola chiusa. Trascorso il tempo, levate i biscotti charlotte dal forno e lasciateli intiepidire.

3 Con il sac à poche, formate su metà dei biscotti un anello di ripieno di robiola. Riempite l'anello con il ripieno al pâté di olive e mettete al centro un'oliva verde. Coprite con gli altri biscotti, mettete in freezer e lasciate congelare.

4 Levate le minicharlotte dal freezer e tagliatele in quattro. Mettete gli "spicchi" in piedi su una teglia e spennellateli con la gelatina kappa. Mescolate a freddo 250 g di miele di castagno con 2,5 dl di acqua, fino a ottenere una bagna omogenea, e inzuppate i due lati esterni degli spicchi. Tenete a temperatura ambiente per circa 20 minuti, prima di servire.

CESTINI DI SFOGLIA
AL PROVOLONE VALPADANA E RADICCHIO

| 20 minuti |
| 35 minuti |

INGREDIENTI
per 4 persone

- 250 g di Provolone Valpadana D.O.P. piccante
- 250 g di pasta sfoglia
- 1 cespo di radicchio
- 2 cipolle
- 1/2 bicchiere di vino bianco
- olio extravergine di oliva
- burro
- sale e pepe

1 Affettate le cipolle e fatele appassire dolcemente in una padella con 2-3 cucchiai di olio. Intanto mondate il radicchio, lavatelo, asciugatelo e tagliatelo a listerelle. Trasferite il radicchio nella padella con le cipolle e lasciate insaporire per un paio di minuti. Salate, pepate, sfumate con 1/2 bicchiere di vino bianco e proseguite la cottura per una decina di minuti.

2 Tirate la pasta in una sfoglia sottile e foderate quattro stampini individuali ben imburrati, facendo sbordare leggermente la sfoglia. Bucherellate il fondo con una forchetta e riempite i cestini con il radicchio e il Provolone Valpadana D.O.P., fatto a dadini. Mettete in forno già caldo a 180 °C e fate cuocere per una ventina di minuti. Trascorso il tempo, levate, lasciate intiepidire, sformate i cestini e servite.

SOUFFLÉ
AL FORMAGGIO

20 minuti

30 minuti

INGREDIENTI
per 4 persone

- **90 g di grana padano grattugiato**
- **70 g di emmentaler grattugiato**
- **5 uova**
- **400 g di besciamella**
- **noce moscata**
- **burro a pomata (per gli stampini)**

1 Imburrate bene fino ai bordi quattro stampini individuali da soufflé, in modo che durante lo cottura il composto, gonfiandosi, non si attacchi. Spolverizzate le pareti con 40 g di grana grattugiato e tenete da parte in un luogo fresco.

2 Versate la besciamella in una casseruola e scaldatela a fuoco dolce. Profumate con una grattugiata di noce moscata, levate e lasciate intiepidire. Unite l'emmentaler e il grana grattugiato rimasto e amalgamate perfettamente. Sgusciate le uova e separate i tuorli dagli albumi. Con l'aiuto di una frusta, incorporate un tuorlo alla volta al composto, che dovrà risultare perfettamente liscio e omogeneo.

3 Montate gli albumi a neve ben soda con un pizzico di sale. Aggiungetene 2 cucchiai al composto, per ammorbidirlo, quindi incorporate il resto degli albumi, mescolando dal basso verso l'alto.

4 Versate il composto negli stampini, facendo attenzione a riempirli solo fino a 2/3 (i soufflé, aumentando di volume, potrebbero traboccare). Mettete in forno già caldo a 185 °C e fate cuocere per 20-25 minuti (o comunque finché i soufflé risulteranno ben gonfi e dorati). Levate e servite immediatamente.

SCAMORZINE AL TARTUFO
E POMODORI SECCHI

15
minuti

20
minuti

INGREDIENTI
per 4 persone

• **12 scamorzine**
• **300 g di porcini**
• **2 fette di pane**
  raffermo
• **5-6 pomodori secchi**
  sott'olio
• **1 cucchiaio di origano**
• **tartufo nero**
• **sale e pepe**

1 Pulite i porcini e sminuzzateli. Sbriciolate grossolanamente il pane raffermo. Scolate i pomodori secchi e tagliateli a pezzetti. Raccogliete tutto in un piatto fondo, condite con un pizzico di sale, profumate con un po' di origano e con una macinata abbondante di pepe, e mescolate.

2 Passate le scamorzine nella miscela preparata, facendola aderire bene. Spolverizzate 4 cocottine individuali con la miscela rimasta, distribuiteci le scamorzine, infornate a 170 °C e fate cuocere per 15-20 minuti (al termine, il formaggio dovrà risultare filante). Trascorso il tempo, levate, profumate con un po' di tartufo nero, affettato a lamelle, portate in tavola e servite.

PRIMI

GNOCCHETTI
DI ZUCCA E SPINACI
CON SALSA AL TALEGGIO

50 minuti

55 minuti

INGREDIENTI
per 4 persone

- 350 g di Taleggio D.O.P.
- 1,2 kg di patate
- 400 g di farina
- 400 g di zucca
- 600 g di spinaci
- 1 uovo
- 2 dl di latte
- noce moscata
- sale

1 Raccogliete le patate in una pentola, copritele di acqua fredda, mettete sul fuoco e lessatele per 30 minuti a partire dal bollore.

2 Nel frattempo tagliate la zucca a fette senza sbucciarle. Disponete le fette su una placca foderata con carta forno e fatele ammorbidire per 20 minuti in forno già caldo a 180 °C. Trascorso il tempo, levatele, sbucciatele e passatele al passaverdura. Lavate gli spinaci e lessateli per pochi minuti in una padella con la sola acqua residua del lavaggio, poi strizzateli e tritateli.

3 Scolate le patate ormai pronte, sbucciatele e passatele allo schiacciapatate, raccogliendo il passato in una ciotola. Aggiungete l'uovo e iniziate a impastare, versando man mano la farina. Condite con un pizzico di sale e continuate a lavorare fino a ottenere un impasto sodo e omogeneo. Trasferite metà impasto in un'altra ciotola.

4 Amalgamate al primo impasto il passato di zucca, profumando con una grattugiata di noce moscata; e al secondo gli spinaci tritati. Al termine dovrete ottenere due impasti omogenei: nel caso non risultassero sufficientemente sodi, aggiungete un po' di farina. Formate con i due impasti tanti filoncini dello spessore di circa un dito. Infarinateli leggermente e tagliateli a tocchetti lunghi un paio di cm. Passate gli gnocchetti sui rebbi di una forchetta. Man mano che sono pronti, distribuiteli su un vassoio infarinato.

5 Versate il latte in una casseruola, unite il Taleggio D.O.P., tagliato a tocchetti, e fatelo fondere a fuoco basso, mescolando con un cucchiaio di legno. Lessate gli gnocchi in acqua bollente leggermente salata. Appena salgono, scolateli in una zuppiera. Condite gli gnocchi con la salsa preparata, mescolate delicatamente e servite.

RISOTTO
AL TALEGGIO E PERE

15
minuti

25
minuti

INGREDIENTI
per 4 persone

- **150 g di Taleggio D.O.P.**
- **320 g di riso carnaroli**
- **2 scalogni**
- **2 pere**
- **vino bianco secco**
- **brodo vegetale**
- **burro**
- **sale e pepe**

1 Sbucciate le pere e tagliatele a dadini. Tritate gli scalogni e fateli appassire dolcemente in una casseruola con 20-30 g di burro. Aggiungete la dadolata di pere e lasciate insaporire per qualche minuto. Levate e tenete da parte.

2 Fate fondere 50 g di burro in un'altra casseruola. Unite il riso e fatelo tostare per un paio di minuti, mescolando con un cucchiaio di legno. Versate il vino e fate sfumare. Bagnate con un mestolo di brodo bollente e proseguite la cottura del risotto, aggiungendo altro brodo, man mano che viene assorbito. A metà cottura, unite il Taleggio D.O.P., tagliato a cubetti, e le pere saltate.

3 Levate dal fuoco, mantecate con una noce di burro, profumate con una macinata abbondante di pepe e servite.

RAVIOLI DI GRANO SARACENO
CON BRANZI E CARCIOFI

55 minuti + riposo

15 minuti

INGREDIENTI
per 4 persone

- 100 g di branzi
- 100 g di farina di grano saraceno
- 100 g di farina 00
- 3 uova
- 3-4 patate
- 1 scalogno
- 2 carciofi
- 1 spicchio di aglio
- 1 mazzetto di prezzemolo
- noce moscata
- burro
- olio extravergine di oliva
- sale e pepe

1 Miscelate le due farine, setacciate la miscela sulla spianatoia e fate la classica fontana. Unite al centro 2 uova, leggermente sbattute, e un goccio di olio, e lavorate a lungo, fino a ottenere un impasto liscio ed elastico. Dategli forma di palla, avvolgetelo in un foglio di pellicola trasparente e lasciatelo riposare per almeno 1 ora.

2 Intanto, lessate le patate per 30 minuti, a partire dal bollore. Scolatele, sbucciatele e passatele allo schiacciapatate, raccogliendo il passato in una ciotola. Tritate lo scalogno e fatelo rosolare in una casseruola con una noce di burro, quindi aggiungetelo alle patate passate. Unite l'uovo rimasto, una noce di burro e il branzi, grattugiato, condite con un pizzico di sale, profumate con una grattugiata di noce moscata e una macinata di pepe, e amalgamate.

3 Tirate la pasta per i ravioli in una sfoglia sottile e, con un coppapasta, ritagliate tanti dischi di circa 6 cm di diametro. Distribuite sui dischi il ripieno preparato, chiudeteli a mezzaluna e sigillate bene i bordi.

4 Mondate pefettamente i carciofi e tagliateli a spicchi sottili. Fate fondere 30-40 g di burro in una padella con lo spicchio di aglio. Eliminate quest'ultimo, unite i carciofi e fateli trifolare per una decina di minuti. Al termine, regolate di sale e profumate con un po' di prezzemolo tritato. Lessate i ravioli in abbondante acqua bollente leggermente salata e scolateli al dente. Conditeli con i carciofi trifolati, portate in tavola e servite.

FAGOTTINI DI CRESPELLE
A SORPRESA

25 minuti

30 minuti

INGREDIENTI
per 4 persone

- 300 g di Quartirolo Lombardo D.O.P.
- 100 g di parmigiano grattugiato
- 200 g di foglioline di ortica
- 12 uova di quaglia
- 1-2 porri
- 200 g di besciamella
- noce moscata
- burro
- sale e pepe

per le crespelle
- 1/2 l di latte
- 3 uova
- 175 g di farina
- burro

1 Per le crespelle: rompete le uova in una ciotola, aggiungete la farina setacciata e il latte e lavorate con una frusta, fino a ottenere una pastella liscia e omogenea. Imburrate un padellino, mettete sul fuoco e fate scaldare.

2 Versate un mestolino della pastella e inclinate il padellino per distribuire la pastella in modo uniforme. Fate cuocere la crespella da una parte, quindi giratela e completate la cottura anche dall'altro lato. Levate e tenete da parte. Proseguite allo stesso modo, fino a esaurire la pastella.

3 Preparate il ripieno: sbollentate le foglioline di ortica per un paio di minuti, poi scolatele e strizzatele. Raccogliete nel bicchiere del mixer il Quartirolo Lombardo D.O.P., tagliato a dadini, il parmigiano e le ortiche. Salate, pepate e frullate, fino a ottenere un composto omogeneo. Mondate i porri, tagliateli a striscioline nel senso della lunghezza e sbollentatele.

4 Mettete al centro di una crespella un paio di cucchiai di ripieno. Fate un incavo nel ripieno e sgusciateci 1 uovo di quaglia. Piegate la crespella per realizzare un fagottino e legatelo "a pacchetto" con un paio di striscioline di porro. Proseguite allo stesso modo con le altre crespelle, fino a esaurire gli ingredienti.

5 Distribuite i fagottini in una pirofila imburrata, e velate con la besciamella, scaldata leggermente. Mettete in forno a 200 °C e fate gratinare per 15 minuti. Trascorso il tempo, levate, portate in tavola e servite.

GNOCCHI RIPIENI DI BUFALA
CON SALSA DI DATTERINI
E PESTO LEGGERO

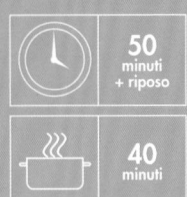

50
minuti
+ riposo

40
minuti

INGREDIENTI
per 4 persone

- 1 mozzarella di bufala da 250 g
- 800 g di patate
- 250 g di farina
- 1 uovo
- 350 g di pomodori datterini
- 2 mazzetti di basilico
- 1 spicchio di aglio
- 1 cipolla
- parmigiano grattugiato
- olio extravergine di oliva
- sale e pepe

1 Tagliate la mozzarella a dadini, raccogliete la dadolata in un colapasta e lasciate asciugare per un'oretta. Intanto, lessate le patate per 30 minuti a partire dal bollore. Poi scolatele, sbucciatele e passatele allo schiacciapatate, raccogliendo il passato in una ciotola. Unite la farina e l'uovo, condite con un pizzico di sale e lavorate fino a ottenere un impasto omogeneo.

2 Trasferite l'impasto sul piano di lavoro e stendetelo in una sfoglia sottile. Quindi, con un coppapasta, ritagliate tanti dischi di circa 5 cm di diametro. Raccogliete la dadolata di mozzarella nel bicchiere del mixer e frullatela. Distribuite sui dischi il ripieno ottenuto, chiudeteli a mezzaluna e sigillate bene i bordi.

3 Lavate e tagliate a metà i pomodorini; tritate finemente la cipolla. Scaldate 2-3 cucchiai di olio in una casseruola con il trito di cipolla. Aggiungete i pomodorini, profumate con 2-3 foglie di basilico e fate cuocere a fuoco basso per 10-15 minuti. Salate, pepate, frullate e passate la salsa a un colino.

4 Raccogliete il basilico nel bicchiere del mixer, unite l'aglio e frullate, aggiungendo man mano l'olio necessario a ottenere un pesto cremoso. Al termine, regolate di sale.

5 Lessate gli gnocchi in acqua bollente, leggermente salata. Man mano che vengono a galla scolateli. Condite gli gnocchi ripieni con la salsa di datterini, distribuiteli nei piatti individuali e serviteli, velati con il pesto e spolverizzati con un po' di parmigiano.

PIZZOCCHERI
BITTO PATATE E CARCIOFI

| 15 minuti |
| 15 minuti |

INGREDIENTI
per 4 persone

- 200 g di bitto
- 400 g di pizzoccheri
- 150 g di grana padano grattugiato
- 4 carciofi
- 2 patate
- 100 g di burro
- 4 foglie di salvia
- 1 spicchio di aglio
- olio extravergine di oliva
- sale e pepe

1 Sbucciate le patate e tagliatele a tocchetti. Mettete sul fuoco una pentola con abbondante acqua salata e portate a bollore. Unite le patate e fate cuocere per 5 minuti. Aggiungete i pizzoccheri e proseguite la cottura per 10 minuti.

2 Intanto, mondate i carciofi, affettateli sottilmente e fateli saltare a fuoco vivace per pochi minuti in una padella con 3-4 cucchiai di olio. Levate e tenete da parte.

3 Scolate i pizzoccheri e le patate e distribuitene una parte in una terrina, aggiungete un po' di carciofi, coprite con qualche fettina di bitto e spolverizzate con grana grattugiato. Ripetete la sequenza degli strati, fino a esaurire gli ingredienti.

4 Fate fondere il burro in una casseruola con la salvia e l'aglio. Eliminate quest'ultimo e versate il burro sui pizzoccheri. Profumate con una macinata abbondante di pepe e servite.

PACCHERONI RIPIENI
PROVOLA E RICOTTA CON RAGÙ DI SALSICCIA

25 minuti

45 minuti

INGREDIENTI
per 6 persone

- 400 g di provola affumicata
- 400 g di ricotta di vacca
- 480 g di paccheroni
- 500 g di passata di pomodoro
- 150 g di salsiccia
- 1 cucchiaio di prezzemolo tritato
- 1 uovo
- 1 spicchio di aglio
- 1 cipolla
- vino bianco
- parmigiano grattugiato
- olio extravergine di oliva
- sale e pepe

1 Affettate la cipolla e fatela soffriggere in una padella con l'aglio schiacciato e 3-4 cucchiai di olio. Levate l'aglio, unite la salsiccia, sgranata, e lasciate insaporire per qualche minuto. Bagnate con 1/2 bicchiere di vino e lasciate evaporare.

2 Aggiungete la salsa di pomodoro e fate restringere per una mezz'ora. Intanto lavorate la ricotta in una ciotola con 2 cucchiai di parmigiano, il prezzemolo tritato, l'uovo, un pizzico di sale e una macinata di pepe. Unite la provola a dadini e mescolate.

3 Lessate i paccheroni in acqua bollente, leggermente salata. Scolateli al dente, asciugateli e farciteli con il composto alla ricotta.

4 Velate una pirofila con il ragù preparato e disponete i paccheroni. Distribuite il ragù rimasto, spolverizzate con abbondante parmigiano e fate gratinare in forno a 200 °C per qualche minuto. Levate e servite.

PIPE CON ZUCCHINE
E PROVOLONE VALPADANA

1 Lavate le zucchine, spuntatele e tagliatele a rondelle. Tagliate il provolone a dadini. Affettate sottilmente la cipolla e fatela rosolare in una padella con un filo di olio. Unite le le zucchine e proseguite la cottura per 10-15 minuti.

2 Lessate la pasta in abbondante acqua bollente salata, scolatela bene al dente e trasferitela nella padella delle zucchine. Spolverizzate con una manciata abbondante di parmigiano, unite i dadini di Provolone Valpadana D.O.P., mescolate e fate saltare per un paio di minuti. Profumate con qualche foglia di basilico, levate e servite.

15 minuti

20 minuti

INGREDIENTI
per 4 persone

- 150 g di Provolone Valpadana D.O.P. piccante
- 400 g di pipe rigate
- 5 zucchine romanesche
- 1 cipolla
- 1 mazzetto di basilico
- parmigiano grattugiato
- olio extravergine di oliva
- sale e pepe

CONCHIGLIONI RIPIENI
AL PROVOLONE VALPADANA E PORCINI

25 minuti + riposo

60 minuti

INGREDIENTI
per 4 persone

- 200 g di Provolone Valpadana D.O.P. piccante
- 320 g di conchiglioni
- 500 g di porcini freschi
- 30 g di porcini secchi
- 1 scalogno
- 100 g di prosciutto cotto in una fetta unica
- 200 g di besciamella
- olio extravergine di oliva
- sale e pepe

1 Lessate i conchiglioni in abbondante acqua bollente, leggermente salata. Scolateli molto al dente, distribuiteli su un canovaccio pulito e lasciateli raffreddare.

2 Intanto fate ammollare i porcini secchi in acqua tiepida per 20 minuti (cambiando l'acqua almeno una volta). Trascorso il tempo, scolateli (tenendo da parte l'acqua) e tritateli.

3 Mondate i porcini freschi e affettateli sottilmente. Tritate lo scalogno e fatelo soffriggere per un paio di minuti in una padella con 3-4 cucchiai di olio.

4 Aggiungete i porcini freschi e quelli tritati, bagnate con un po' dell'acqua dell'ammollo di questi ultimi, salate, pepate e fate asciugare a fuoco dolce. Levate dal fuoco, unite il prosciutto e il Provolone Valpadana D.O.P., tagliati a dadini, e mescolate. Quindi farcite i conchiglioni. Scaldate leggermente la besciamella.

5 Velate le coccottine individuali con un po' di besciamella, quindi distribuiteci i conchiglioni ripieni. Completate con la besciamella rimasta, mettete in forno a 175 °C e fate cuocere per circa 25 minuti. Levate, portate in tavola e servite.

CRUMBLE DI RIGATONI
CON MOZZARELLA DI BUFALA E GUANCIALE AL SUGO

| | 15 minuti + riposo |
| | 15 minuti |

INGREDIENTI
per 4 persone

- 1 mozzarella di bufala da 250 g
- 320 g di rigatoni
- 250 g di pomodori pelati
- 1 cipolla
- 150 g di guanciale già tagliato a cubetti
- 4 acciughe sott'olio
- 1 mazzetto di basilico
- 4 fette di pane integrale
- olio extravergine di oliva
- sale

1 Tritate la cipolla e fatela appassire in una casseruola con 2-3 cucchiai di olio. Unite il guanciale e lasciate insaporire a fuoco medio per qualche minuto. Aggiungete i pomodori pelati, mescolate e proseguite la cottura per circa 30 minuti.

2 Intanto, tagliate la mozzarella di bufala a dadini, raccogliete la dadolata in un colapasta e lasciatela asciugare per una ventina di minuti. Lavate e tritate il basilico (tenendo da parte qualche foglia intera); e sbriciolate le fette di pane integrale.

3 Scaldate un filo di olio in una padella, unite le acciughe, scolate, le briciole di pane e il basilico tritato, e fate abbrustolire leggermente a fuoco moderato, mescolando ogni tanto.

4 Lessate la pasta in abbondante acqua bollente, leggermente salata; scolatela bene al dente e conditela con la salsa preparata. Aggiungete la dadolata di mozzarella, spolverizzate con il composto di briciole e mescolate. Distribuite nei piatti individuali, decorate con le foglie di basilico tenute da parte e servite.

SECONDI
(E NON SOLO)

INVOLTINI DI VITELLO
AL PROVOLONE VALPADANA E COTTO

15 minuti

25 minuti

INGREDIENTI
per 4 persone

- **200 g di Provolone Valpadana D.O.P. dolce**
- **8 fettine di vitello**
- **180 g di prosciutto cotto a dadini**
- **2 cucchiaini di aromi per arrosto**
- **1 rametto di salvia**
- **brodo vegetale**
- **olio extravergine di oliva**
- **sale e pepe**

1 Stendete le fettine di carne tra due fogli di carta forno e battetele delicatamente con un batticarne. Levate la carta, adagiate le fettine sul piano di lavoro e coprite ogni fettina con 3-4 fette sottili di Provolone Valpadana D.O.P. Completate con i dadini di prosciutto, arrotolate ogni fettina a involtino e fermate gli involtini con uno o due stecchini.

2 Scaldate 4-5 cucchiai di olio in una padella con qualche foglia di salvia. Aggiungete gli involtini, spolverizzateli con gli aromi e fateli dorare per qualche minuto, a fuoco dolce, girandoli spesso. Bagnate con 1 mestolino di brodo bollente e lasciate insaporire.

3 Regolate di sale, profumate con una macinata di pepe, incoperchiate e proseguite la cottura a fuoco dolce per 15-20 minuti. Distribuite gli involtini nei piatti individuali, irrorateli con il loro sughetto, guarnite con ciuffetti di salvia fresca e servite. Eventualmente potete accompagnarli con un'insalatina fresca.

TOURNEDOS DI FILETTO
AL GORGONZOLA

15
minuti
+ riposo

15
minuti

INGREDIENTI
per 4 persone

- **200 g di gorgonzola**
- **4 medaglioni di filetto di manzo da 120 g l'uno**
- **4 fette sottili di lardo di Colonnata**
- **2,5 dl di panna**
- **2 pere**
- **cognac**
- **burro**
- **sale e pepe**

1 Incidete nello spessore i medaglioni, senza aprirli completamente. Tagliate quattro fettine di gorgonzola, inseritele nell'incisione e richiudete. Avvolgete ogni medaglione con una fetta di lardo e legate con spago da cucina per mantenerlo in forma durante la cottura.

2 Fate fondere 50 g di burro in una casseruola. Unite i tournedos e fateli cuocere a fuoco vivace 3-4 minuti per parte. Bagnate con 1 bicchierino di cognac e fate sfumare. Levate i tournedos e teneteli da parte in caldo.

3 Tagliate a cubetti il gorgonzola rimasto e fatelo fondere a fuoco dolce nella padella di cottura dei tournedos con la panna. Al termine salate e pepate. Lavate e asciugate le pere, e tagliatele a fettine sottili per la lunghezza, senza sbucciarle. Velate i piatti individuali con la salsa preparata, unite i tournedos, decorate con le fettine di pera a ventaglio e servite.

HAMBURGER
CON CUORE DI TALEGGIO

25 minuti

30 minuti

INGREDIENTI
per 4 persone

- **300 g di Taleggio D.O.P.**
- **350 g di polpa di manzo tritata**
- **50 g di pancetta affumicata**
- **2-3 cespi di indivia belga**
- **2 dl di latte**
- **1 tuorlo**
- **vino bianco**
- **farina**
- **senape**
- **salsa worcester**
- **olio extravergine di oliva**
- **burro**
- **sale e pepe**

1 Tritate la pancetta affumicata, raccogliete il trito in una ciotola e unite la polpa di manzo. Condite con un pizzico di sale e una macinata di pepe, amalgamate e formate con le mani 4 polpette, lasciandole leggermente aperte.

2 Tagliate a tocchetti 100 g di Taleggio D.O.P. e inseriteli nel centro delle polpette. Richiudete le polpette e schiacciatele per formare gli hamburger. Lavate e mondate l'indivia, sfogliatela e fatela insaporire in una padella con 2-3 cucchiai di olio. Sfumate con 1/2 bicchiere di vino bianco e fate stufare. Al termine salate e pepate.

3 Tagliate a dadini il formaggio rimasto, metteteli in una ciotola, coprite con il latte e lasciateli a bagno per 10 minuti. Versate tutto in un pentolino, unite una noce di burro e fate cuocere dolcemente a bagnomaria per una decina di minuti. Un paio di minuti prima del termine, incorporate il tuorlo. Insaporite con un cucchiaio di senape e qualche goccia di salsa worcester, e levate.

4 Passate gli hamburger nella farina e fateli rosolare in una padella con 2-3 cucchiai di olio, girandoli da entrambe le parti. Bagnate con 1/2 bicchiere di vino, fate sfumare e completate la cottura. Al termine, salate e pepate. Distribuite l'indivia stufata nei piatti individuali, unite gli hamburger, velateli con la fonduta preparata e servite.

SPINACINO DI VITELLO
RIPIENO

25
minuti
+ riposo

100
minuti

INGREDIENTI
per 4 persone

- 100 g di Quartirolo Lombardo D.O.P.
- 800 g di spinacino di vitello tagliato a tasca
- 150 g di lonza di maiale tritata
- 150 g di pancetta di maiale fresca tritata
- 1 uovo
- 3 carciofi
- 1 limone
- 1 cipolla
- 1 mazzetto di prezzemolo
- 1 spicchio di aglio
- vino bianco
- brodo di carne
- olio extravergine di oliva
- sale e pepe

1 Raccogliete la lonza e la pancetta in una ciotola. Unite il Quartirolo Lombardo D.O.P., grattugiato, l'uovo e il prezzemolo, tritato. Salate, pepate e mescolate bene.

2 Mondate i carciofi, tagliateli a metà e immergeteli in acqua acidulata con il succo del limone. Affettate sottilmente la cipolla e fatela rosolare in una padella con 3-4 cucchiai di olio e l'aglio schiacciato.

3 Sgocciolate i carciofi, tagliateli a spicchi sottili e fateli insaporire nella padella con il soffritto fino a quando saranno leggermente dorati. Salate, trasferite i carciofi nella ciotola con gli altri ingredienti del ripieno e mescolate.

4 Salate e pepate internamente la tasca del vitello, farcitela con il ripieno preparato e cucite l'apertura con filo da cucina. Scaldate 4-5 cucchiai di olio in una teglia, unite lo spinacino, conditelo con sale e pepe e fatelo rosolare in modo uniforme a fuoco medio, girandolo ogni tanto. Bagnate con 1 bicchiere di vino bianco e fate sfumare.

5 Trasferite la teglia in forno a 180 °C e proseguite la cottura per 1 ora e mezza, irrorando di tanto in tanto la carne con un po' di brodo caldo. Trascorso il tempo, levate e lasciate intiepidire. Tagliate lo spinacino a fette, portate in tavola e servite.

INVOLTINI DI VITELLO
RICOTTA E SPECK

35 minuti

40 minuti

INGREDIENTI
per 4 persone

- 200 g di ricotta di vacca
- 8 fettine di noce di vitello
- 60 g di mollica di pane raffermo
- 1 tuorlo
- 100 g di speck affettato sottile
- 150 g di polpa di maiale tritata
- 50 g di parmigiano grattugiato
- 1 rametto di rosmarino
- vino bianco
- farina
- latte
- burro
- brodo vegetale
- olio extravergine di oliva
- sale e pepe

1 Stendete le fettine di vitello su un tagliere, rifilatele tutte, dandogli una forma regolare e uguale (dovrete ottenere tante fettine di circa 12 cm di lunghezza per 6 di larghezza) e tenete da parte. Tritate finemente gli scarti. Appoggiate sopra ogni fettina di vitello una fettina di speck e tagliate la parte che sborda.

2 Raccogliete in una ciotola gli scarti tritati, la polpa di maiale, la ricotta, il parmigiano, il tuorlo e la mollica di pane, fatta rinvenire nel latte e strizzata, e amalgamate tutto. Regolate di sale, pepate, profumate con qualche ago di rosmarino tritato e mescolate ancora.

3 Distribuite il ripieno sulle fettine e arrotolatele a involtino. Infilzate gli involtini a due a due in spiedini di legno, infarinateli leggermente e fateli rosolare in una larga padella con una noce di burro e 2-3 cucchiai di olio, girandoli da entrambi i lati.

4 Bagnate con 1 bicchiere di vino bianco e fate sfumare; incoperchiate e proseguite la cottura a fuoco basso per 25-30 minuti. Se si dovessero asciugare troppo, bagnateli ogni tanto con un po' di brodo caldo. Trascorso il tempo, levateli, portateli in tavola e serviteli con il loro sugo di cottura.

FILETTO DI MANZO CON PERE
E FONDUTA DI PARMIGIANO

1 Sbucciate le pere, tagliatele a dadini e fatele saltare per qualche minuto in una padella con una noce di burro. Aprite il filetto a metà, praticando una incisione longitudinale. Farcitelo con la dadolata di pere, richiudetelo e legatelo con qualche stelo di erba cipollina, come fosse un arrosto.

2 Rosolate il filetto in una teglia con un filo di olio e una noce di burro, aggiungete rosmarino e salvia, salate e sfumate con 1 bicchiere di vino. Trasferite la teglia in forno a 200 °C e fate cuocere per circa 15 minuti. Trascorso il tempo, levate, avvolgete il filetto in un foglio di carta stagnola e tenetelo da parte.

3 Preparate la fonduta: tritate lo scalogno e fatelo appassire per qualche minuto in una casseruola con 2-3 cucchiai di olio. Aggiungete il latte, la panna e il parmigiano, e fate cuocere a fuoco dolce per 15 minuti, mescolando ogni tanto con un cucchiaio di legno. Quindi, levate e frullate. Tagliate il filetto a fette e servitelo nei piatti individuali, con la fonduta.

20 minuti

15 minuti

INGREDIENTI
per 4 persone

- **800 g di filetto di manzo**
- **2 pere**
- **1 rametto di rosmarino**
- **1 rametto di timo**
- **1 rametto di salvia**
- **qualche stelo di erba cipollina**
- **vino bianco**
- **burro**
- **olio extravergine di oliva**
- **sale**

per la fonduta
- **1,2 dl di latte**
- **0,5 dl di panna**
- **60 g di parmigiano grattugiato**
- **1 scalogno**
- **olio extravergine di oliva**

HAMBURGER
CON SCAMORZA AFFUMICATA E SALSA PICCANTE

25 minuti

20 minuti

INGREDIENTI
per 1 hamburger

- 2 fette di scamorza affumicata
- 150 g di controfiletto di manzo tagliato a coltello
- 1 melanzana
- 1 cucchiaio di origano
- 1 spicchio di aglio
- 1/2 peperoncino
- 1/2 peperone giallo
- 2 pomodori
- 1 pane pita
- olio extravergine di oliva
- sale e pepe

1 Sbollentate i pomodori, scolateli, spellateli e tagliateli a metà. Eliminate i semi e l'acqua di vegetazione e fateli a dadini molto piccoli. Tagliate a dadini il peperone, privato dei semi e delle coste bianche interne, e raccogliete le due dadolate in una ciotola. Unite il peperoncino piccante (anch'esso fatto a dadini), condite con un filo di olio, mescolate e mettete in frigorifero.

2 Raccogliete la carne in una ciotola, aggiungete lo spicchio di aglio, tritato, condite con sale e pepe e profumate con un po' di origano. Mescolate e formate una polpetta piatta. Tagliate a fette la melanzana, grigliatele, conditele con un filo di olio e un po' di origano e tenete da parte.

3 Fate cuocere l'hamburger su una piastra rovente, 4 minuti circa per parte; scaldate in forno a 200 °C il pane pita, farcitelo con l'hamburger, un paio di fette di melanzana, le fette di scamorza e la salsa rossa preparata. Accompagnate l'hamburger con le fette di melanzana rimaste, condite con un paio di cucchiai della salsa rossa.

PROVOLA AL FORNO
CON CROQUE DI SEGALE E ACCIUGHE

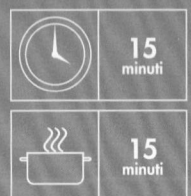

15 minuti

15 minuti

INGREDIENTI
per 4 persone

- 1 provola affumicata da 350 g
- 2 mazzetti di prezzemolo
- 2 uova sode
- 60 g di capperi sotto sale
- 4-5 fette di pane di segale
- 90 g di filetti di acciuga sott'olio
- olio extravergine di oliva
- sale

1 Tritate il prezzemolo con le uova sode e i capperi, ben lavati e asciugati. Raccogliete il trito in una ciotola e lavoratelo con una frusta, aggiungendo a filo l'olio necessario per ottenere una salsa densa. Al termine, regolate di sale.

2 Tagliate la provola a fette di circa 1,5 cm di spessore e distribuitele nelle pirofile individuali. Mettete in forno a 200 °C e fate cuocere per circa 10 minuti.

3 Nel frattempo, sbriciolate le fette di pane. Raccogliete le briciole in una padella con 3-4 cucchiai di olio e fatele tostare a fuoco vivace per pochi minuti. Unite i filetti di acciuga, scolati e sminuzzati, e mescolate.

4 Levate le pirofile con la provola dal forno, spolverizzate il formaggio con la "croque" di segale e acciughe, condite con la salsa al prezzemolo e servite.

FONDUTA
ALLA VALDOSTANA

⏰	**20** minuti + riposo
🍲	**45** minuti

INGREDIENTI
per 6 persone

- **600 g di fontina**
- **6 tuorli**
- **3,5 dl di latte**
- **burro**
- **3-4 fette di pane casereccio**
- **pepe**

1 Tagliate la fontina a fette sottili, dopo aver eliminato la crosta. Raccogliete le fette in una ciotola, coprite con il latte e lasciate riposare per almeno 2 ore. Se avete la possibilità, meglio ancora per tutta una notte.

2 Fate sciogliere 60 g di burro nel caquelon (o in un tegame di coccio). Unite la fontina, senza sgocciolarla troppo, e fatela fondere, mescolando continuamente con un cucchiaio di legno o con una frusta, mantenendo la temperatura tra i 60 e i 70 °C, al massimo.

3 Quando il formaggio è completamente fuso, incorporate i tuorli, leggermente sbattuti, e proseguite la cottura fino a ottenere una crema densa e omogenea. Al termine insaporite con un pizzico di pepe.

4 Mentre la fonduta è in cottura, tagliate a cubetti il pane casereccio e fateli tostare in forno o in padella. Distribuite la fonduta in piccoli tegamini individuali e servitela con i cubetti di pane tostato.

FONDUTA
AL SALVA CREMASCO
TIMO E POMODORI SECCHI

1 Tagliate il Salva Cremasco D.O.P. a dadini, raccogliete la dadolata in una ciotola capiente, copritela di latte e lasciatela riposare per almeno 3 ore.

2 Tritate gli scalogni e l'aglio, e fateli soffriggere in una casseruola con 30 g di burro. Profumate con il timo, unite i pomodori secchi, scolati e tagliati a listerelle, mescolate e levate dal fuoco.

3 Trasferite il Salva Cremasco D.O.P. e metà del latte in un tegame da fonduta e fate cuocere a bagnomaria, mescolando con una frusta. Quando il formaggio sarà fuso unite i tuorli, incorporandoli uno alla volta. Al termine dovrete ottenere un crema densa. Aggiungete 1/2 bicchierino di grappa e mescolate ancora. Completate con i pomodori secchi al timo, e condite con una macinata di pepe e un pizzico di pepe di cayenna.

4 Portate in tavola la fonduta nel tegame e tenetela calda su un fornelletto a spirito. Scaldate leggermente la focaccia, tagliatela a cubetti e lasciate che ciascuno se ne serva, infilzandola in una forchetta di legno e immergendola nella fonduta.

20
minuti
+ riposo

40
minuti

INGREDIENTI
per 6 persone

- 600 g di Salva Cremasco D.O.P.
- 1 l di latte
- 6 tuorli
- 2 scalogni
- 1 spicchio di aglio
- 1 cucchiaio di timo
- 4-5 pomodori secchi sott'olio
- 800 g di focaccia
- grappa
- burro
- pepe
- pepe di cayenna

DESSERT

CROSTATINE ALLE MELE
E SALVA CREMASCO

35 minuti

50 minuti

INGREDIENTI
per 4 persone

- 150 g di Salva
  Cremasco D.O.P.
- 230 g di pasta brisée
- 4 mele
- 3 uova
- 200 g di zucchero
- 200 g di farina
- 80 g di burro fuso
  freddo
- 1 bustina di lievito
- 1/2 cucchiaino
  di cannella in polvere
- zucchero a velo

vi servono inoltre
- **burro e farina
  per gli stampini**

1 Sbucciate 3 mele e tagliatele a cubetti. Raccogliete la dadolatina in una padella, aggiungete 100 g di zucchero, profumate con la cannella in polvere, mescolate e fate cuocere fin a ottenere una sorta di purè. Levate e tenete da parte.

2 Rompete le uova in una ciotola, aggiungete lo zucchero rimasto e montate con una frusta sino a ottenere un composto chiaro e spumoso. Sempre continuando a montare, unite a filo il burro fuso, e quindi la farina, setacciata con il lievito, facendola cadere pian piano da un colino a maglie fitte.

3 Tirate la pasta brisée in una sfoglia spessa 3-4 mm. Ritagliate 4 dischi del diametro di 12 cm e foderate altrettanti stampini da crostata del diametro di circa 8 cm, ben imburrati e infarinati. Sbucciate la mela rimasta e tagliatela a fettine sottili. Tagliate il Salva Cremasco D.O.P. a dadini.

4 Farcite le basi di pasta con il composto di mela, distribuite i dadini di formaggio (tenendone da parte qualcuno) e coprite con le uova montate. Terminate con le fettine di mela, mettete in forno già caldo a 180 °C e fate cuocere per 25-30 minuti.

5 Levate, aggiungete i dadini di formaggio tenuti da parte, rimettete in forno e completate la cottura per 5 minuti. Al termine, sfornate le crostatine e lasciatele intiepidire per qualche minuto; quindi sformatele dagli stampini e servitele, spolverizzate con zucchero a velo.

PERE CARAMELLATE AL PORTO
CON MOUSSE AL CASTELMAGNO

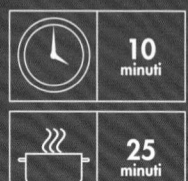

10 minuti

25 minuti

INGREDIENTI
per 4 persone

- 100 g di castelmagno
- 8 pere piccole
- 50 g di zucchero
- 100 g di caprino
- 1,5 dl di panna
- porto
- cannella in polvere
- burro

1 Lavate e asciugate le pere, senza sbucciarle. Versate un mestolo di acqua in una casseruola, unite lo zucchero e fate cuocere a fuoco dolce per circa 10 minuti.

2 Aggiungete 40 g di burro e le pere, disponendole in piedi, ben affiancate, profumate con un pizzico di cannella e proseguite la cottura per una quindicina di minuti (nel caso potete bagnare con un po' di acqua). Trascorso il tempo, bagnate con 2 bicchierini di porto e fate sfumare. Poi levate e tenete da parte.

3 Mentre le pere sono in cottura, preparate la mousse: tagliate il castelmagno a tocchetti, raccogliete i tocchetti nel bicchiere del mixer e frullate con la panna e il caprino, fino a ottenere un composto spumoso.

4 Distribuite le pere a due a due nei piatti individuali, velatele con il caramello della cottura ben caldo e servitele con a parte i ciuffetti di mousse al castelmagno.

QUENELLES DI RICOTTA
AL PROFUMO DI AGRUMI
IN SALSA DI ALEATICO

25 minuti + riposo

15 minuti

INGREDIENTI
per 4 persone

- 200 g di ricotta di capra
- 0,8 dl di panna fresca
- 80 g di zucchero
- 15 g di mandorle già tostate e tritate
- 1 arancia
- 2 cucchiai di gocce di cioccolato
- 3 dl di aleatico di Puglia

1 Passate la ricotta al setaccio e raccoglietela in una ciotola. Aggiungete 50 g di zucchero e la panna, e lavorate con una frusta, fino a ottenere una crema morbida e soffice.

2 Unite la scorza di 1/2 arancia, tagliata a listerelle sottilissime, e la granella di mandorle tostate e amalgamate a fondo. Coprite con pellicola trasparente, mettete in frigorifero e lasciate riposare per almeno mezz'ora.

3 Versate l'aleatico in una casseruola con lo zucchero rimasto, e fate cuocere a fuoco medio fino a ottenere una salsa densa e cremosa.

4 Levate il composto di ricotta dal frigo e, con l'aiuto di due cucchiai, realizzate 2-3 quenelles in ogni piatto individuale. Guarnite con la salsa di aleatico, decorate con le gocce di cioccolato e mezze fette di arancia, e servite.

60 minuti + riposo

10 minuti

INGREDIENTI
per 10-12 cannoli

- **300 g di farina**
- **30 g di zucchero**
- **15 g di cacao amaro in polvere**
- **1 albume**
- **olio di semi di arachide**
- **marsala**
- **burro**
- **sale**

per il ripieno
- **300 g di ricotta di pecora**
- **150 g di zucchero a velo**
- **50 g di scorzette di arancia candite**
- **50 g di cioccolato fondente tritato**
- **1 bicchierino di rum**

vi servono inoltre
- **cilindri di metallo per cannoli**
- **zucchero a velo**

CANNOLI
ALLA SICILIANA

1 Setacciate la farina sulla spianatoia, fate la classica fontana, unite al centro lo zucchero, un pizzico di sale, il cacao, 25 g di burro e 1 bicchiere di marsala, e lavorate fino a ottenere un impasto omogeneo. Dategli forma di palla, avvolgetela in un foglio di pellicola trasparente, mettete in frigo e lasciate riposare per circa 1 ora.

2 Nel frattempo preparate il ripieno: passate al setaccio la ricotta, raccoglietela in una ciotola, unite lo zucchero e lavorate a fondo con un cucchiaio di legno. Unite le scorze candite (tenetene da parte qualcuna) e il cioccolato tritato e, se vi piace, aromatizzate con 1 bicchierino di rum. Amalgamate, coprite con pellicola trasparente e mettete in frigo.

3 Riprendete l'impasto per i cannoli, stendetelo con il matterello e ritagliate tanti ovali uguali lunghi circa 8 cm. Avvolgeteli intorno agli appositi cilindri di metallo, sovrapponendo i lembi e sigillandoli con un po' di albume sbattuto.

4 Scaldate abbondante olio in una padella e friggete i cannoli. Man mano che sono pronti, scolateli su carta assorbente da cucina e lasciateli raffreddare. Una volta freddi, sfilateli dalla forma e farciteli con il composto alla ricotta. Completate con le scorzette candite tenute da parte, spolverizzate con zucchero a velo e servite.

SFOGLIE ALLE MELE
CON FONDUTA DI TALEGGIO

15 minuti

20 minuti

INGREDIENTI
per 4 persone

- **100 g di Taleggio D.O.P.**
- **230 g di pasta sfoglia**
- **2 mele renette**
- **20 g di parmigiano grattugiato**
- **8 dl di panna**
- **2 tuorli**
- **20 g di zucchero**
- **burro**

vi servono inoltre
- **fagioli secchi**

1 Stendete la pasta in una sfoglia sottile e ritagliate 4 quadrati di circa 10 cm di lato. Imburrate altrettanti stampini individuali rotondi, foderateli con i quadrati di sfoglia, facendo fuoriuscire i vertici, e riempite con fagioli secchi.

2 Infornate a 200 °C per una decina di minuti. Levate, estraete le sfoglie dagli stampini, eliminando i fagioli, e rimettetele in forno per farle asciugare perfettamente.

3 Sbucciate le mele e tagliatele a dadini. Raccogliete la dadolatina in una padella e fatela saltare per qualche minuto a fuoco vivace con 40 g di burro e lo zucchero. Levate e tenete da parte.

4 Fate fondere a bagnomaria il Taleggio D.O.P., tagliato a dadini, con la panna e il parmigiano, mescolando ogni tanto con un cucchiaio di legno. Sbattete i tuorli, incorporateli al composto e fate addensare la fonduta. Distribuite la fonduta, tiepida, nelle coppette di sfoglia, unite la dadolatina di mele e servite.

CHEESECAKE
CLASSICA

	30 minuti + riposo
	60 minuti

INGREDIENTI
per 4 persone

- 450 g di ricotta di vacca
- 350 g di formaggio cremoso
- 220 g di biscotti secchi tipo digestive
- 75 g di farina di mandorle
- 80 g di burro freddo
- 4 uova
- 40 g di maizena
- 260 g di zucchero
- 1 limone

vi serve anche
- 1 stampo a cerniera da 26 cm di diametro

1 Frullate i biscotti nel mixer, raccogliete il trito in una ciotola, unite la farina di mandorle e il burro, tagliato a pezzettini, e amalgamate. Foderate la base dello stampo a cerniera con un disco di carta forno, ritagliato a misura. Distribuiteci il composto preparato, livellatelo bene e mettete in frigo a rassodare.

2 Intanto, raccogliete la ricotta nel bicchiere del mixer, unite il formaggio cremoso e frullate. Aggiungete la maizena, stemperata in 1 cucchiaio e mezzo di acqua, le uova, lo zucchero, la scorza grattugiata del limone e 2 cucchiai del suo succo, e frullate ancora, fino a ottenere un composto liscio.

3 Levate lo stampo con la base di biscotto dal frigo. Tagliate una striscia di carta forno e foderate i bordi dello stampo. Riempite con il composto al formaggio, livellate, infornate a 150 °C e fate cuocere per circa un'ora.

4 Trascorso il tempo, sfornate e lasciate raffreddare a temperatura ambiente. Quindi trasferite la cheesecake in frigorifero per almeno un'ora. Al momento di portare in tavola, levate, sformate la cheesecake dallo stampo e servitela, eventualmente potete accompagnarla con un po' di frutta fresca.

FORMAGGI A TAVOLA
DALLA A ALLA Z